# BEI GRIN MACHT SICH IHR WISSEN BEZAHLT

- Wir veröffentlichen Ihre Hausarbeit, Bachelor- und Masterarbeit

- Ihr eigenes eBook und Buch - weltweit in allen wichtigen Shops

- Verdienen Sie an jedem Verkauf

Jetzt bei www.GRIN.com hochladen und kostenlos publizieren

**Bibliografische Information der Deutschen Nationalbibliothek:**

Die Deutsche Bibliothek verzeichnet diese Publikation in der Deutschen Nationalbibliografie; detaillierte bibliografische Daten sind im Internet über http://dnb.d-nb.de/ abrufbar.

Dieses Werk sowie alle darin enthaltenen einzelnen Beiträge und Abbildungen sind urheberrechtlich geschützt. Jede Verwertung, die nicht ausdrücklich vom Urheberrechtsschutz zugelassen ist, bedarf der vorherigen Zustimmung des Verlages. Das gilt insbesondere für Vervielfältigungen, Bearbeitungen, Übersetzungen, Mikroverfilmungen, Auswertungen durch Datenbanken und für die Einspeicherung und Verarbeitung in elektronische Systeme. Alle Rechte, auch die des auszugsweisen Nachdrucks, der fotomechanischen Wiedergabe (einschließlich Mikrokopie) sowie der Auswertung durch Datenbanken oder ähnliche Einrichtungen, vorbehalten.

**Impressum:**

Copyright © 2017 GRIN Verlag, Open Publishing GmbH
Druck und Bindung: Books on Demand GmbH, Norderstedt Germany
ISBN: 9783668580558

**Dieses Buch bei GRIN:**

http://www.grin.com/de/e-book/381004/marketing-eines-fitnessstudios-marktbeschreibung-und-analyse

Manuela Gabriel

# Marketing eines Fitnessstudios. Marktbeschreibung- und Analyse

GRIN Verlag

**GRIN - Your knowledge has value**

Der GRIN Verlag publiziert seit 1998 wissenschaftliche Arbeiten von Studenten, Hochschullehrern und anderen Akademikern als eBook und gedrucktes Buch. Die Verlagswebsite www.grin.com ist die ideale Plattform zur Veröffentlichung von Hausarbeiten, Abschlussarbeiten, wissenschaftlichen Aufsätzen, Dissertationen und Fachbüchern.

**Besuchen Sie uns im Internet:**

http://www.grin.com/

http://www.facebook.com/grincom

http://www.twitter.com/grin_com

Deutsche Hochschule für
Prävention und Gesundheitsmanagement
Hermann Neuberger Sportschule 3
66123 Saarbrücken

# Hausarbeit (kollektive Prüfungsleistung)

| Name, Vorname | Gabriel, Manuela |
|---|---|
|  |  |
| Modul | BFÖ |
| Studiengang | Marketing 1 |
| Datum Präsenzphase | 10.04.2017-12.04.2017 |
| Studienort | Zürich |
| Gruppe bzw. zu bearbeitende Stadt | Köln |
| Unternehmenstyp* | Fitnessstudio, Discount-Segment |

* abhängig von Aufgabenstellung: jeweils den zu bearbeitenden „Unternehmenstyp" eintragen

# Inhaltsverzeichnis

| | | |
|---|---|---|
| **1** | **MARKTBESCHREIBUNG UND -ANALYSE** | **3** |
| 1.1 | Allgemeine Informationen über das Fitnessstudio | 3 |
| 1.1.1 | Zielgruppe | 3 |
| 1.1.2 | Preis-, Produkt- und Distributionspolitik | 3 |
| 1.2 | Lage und Standort des Fitnessstudios | 4 |
| 1.3 | Bestimmung von zwei Marktgebieten | 4 |
| 1.4 | Makroumfeldanalyse und Abschätzung des Marktpotentials | 5 |
| 1.4.1 | Kaufkraft und Arbeitslosenquote | 5 |
| 1.4.2 | Altersverteilung | 5 |
| 1.4.3 | Einwohnerzahlen der Stadtteile im Marktgebiet | 6 |
| 1.4.4 | Berechnung des Marktpotentials | 6 |
| 1.5 | Wettbewerbsanalyse | 7 |
| 1.5.1 | Produktepolitik und Positionierung von zwei Mitbewerbern | 7 |
| 1.6 | Beurteilung der Marktanalyse | 8 |
| **2** | **MARKETINGPLANUNG** | **8** |
| 2.1 | Budgetplanung | 8 |
| 2.2 | Kommunikationspolitik | 9 |
| 2.3 | Werbeplanung | 11 |
| 2.4 | Kostenkalkulation und Budgetvergleich bei der Werbeplanung | 11 |
| 2.5 | Synergieeffekte im Rahmen der Kommunikationspolitik | 11 |
| **3** | **ABSCHLUSSSTATEMENT** | **12** |
| **4** | **LITERATURVERZEICHNIS** | **13** |
| **5** | **ABBILDUNGS- UND TABELLENVERZEICHNIS** | **13** |
| 5.1 | Abbildungsverzeichnis | 13 |
| 5.2 | Tabellenverzeichnis | 13 |

# 1 Marktbeschreibung und -analyse

## 1.1 Allgemeine Informationen über das Fitnessstudio

### 1.1.1 Zielgruppe

Die Hauptzielgruppe des Fitnessstudios sind Personen sämtlicher Einkommensklassen ab 16 Jahren, welche gesundheits- oder leistungsorientiertes Fitnesstraining betreiben wollen.

### 1.1.2 Preis-, Produkt- und Distributionspolitik

Das Fitnessstudio liegt preislich im Discount-Segment und ist Teil einer Unternehmergruppe welche je nach Ergebnissen der Marktanalyse in derselben Stadt zusätzlich ein EMS Studio, eine Premiumanlage und ein Gesundheitscenter eröffnen möchte.

Der im Discount-Segment tief angesetzte Mitgliederbeitrag von 16 Euro pro Monat ermöglicht Personen aus allen Einkommensklassen die Nutzung der Anlage. Durch einfach dargestellte, kostenpflichtige Zusatz- und Ergänzungsangebote wird jedem Kunden selber überlassen, wie viel er zusätzlich zum Mitgliederbeitrag ausgeben möchte. Eine Ersteinweisung durch einen Personaltrainer und ein erster Trainingsplan sind beim Kauf einer Mitgliedschaft enthalten. Das Erstellen weiterer Trainingspläne, Personaltrainings, Ernährungsberatungen sowie die Teilnahme an Kursen mit virtuellen Gruppenfitnessinstruktoren, können gegen Aufpreis zusätzlich gebucht werden. Es stehen mehrere Automaten mit kostenpflichtigen Fitnessriegeln und Getränken und eine Lounge mit Sitzgelegenheiten und Tischen zur Verfügung. Um sich noch mehr von der umliegenden Konkurrenz abzuheben soll das Fitnessstudio im 24h-Betrieb geführt werden.

Es werden ausschliesslich ausgebildete Personaltrainern angestellt. Zur Verfügung stehen topmoderne Geräte und Hilfsmittel, sowie ein umfangreicher Workout-Bereich, unter anderem mit Hantelgewichten bis 54 Kilogramm. Das Fitnessstudio ist somit für Gesundheits- sowie auch für Leistungssportler aller Trainingserfahrungsstufen attraktiv.

## 1.2 Lage und Standort des Fitnessstudios

Um mit der Unternehmensgruppe eine möglichst grosse Fläche der Stadt abzudecken, wurden mit dem Discount-Fitnessstudio zusätzlich zu den westlich des Rheins gelegenen Bezirken auch Teile der östlichen Bezirke miteinbezogen. Die Kaufkraft wurde auf Grund der Preispolitik weniger gewichtet. Der Fluss stellt eine Grenze dar, preisorientierte Personen werden den Weg über diesen jedoch vermutlich trotzdem in Kauf nehmen.

Der Standort ist mit öffentlichen Verkehrsmitteln gut erreichbar, für Kunden mit Auto stehen öffentliche und private Parkplätze zur Verfügung. Die Kalker Hauptstrasse mit ihren vielen Geschäften, Restaurants und einem grösseren Einkaufszentrum mit Parkhaus verläuft in unmittelbarer Nähe, auch gibt es dort Sport- und Tennisplätze sowie Grünflächen zum Joggen, was sportaffine Menschen in diese Region zieht und die Laufkundschaft im Fitnessstudio erhöhen kann.

## 1.3 Bestimmung von zwei Marktgebieten

Die folgende Graphik veranschaulicht die Markgebiete 1 und 2:

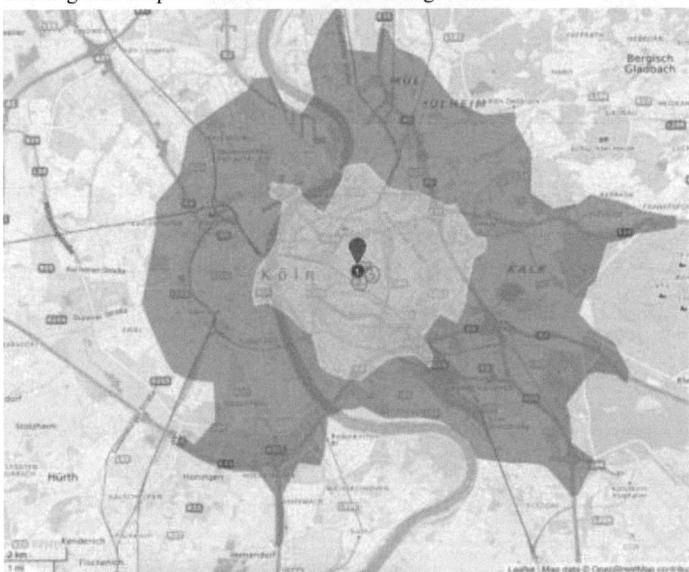

Abb. 1 Karte der Marktgebiete 1 und 2 (dargestellt mit www.openrouteservice.org)

Legende:

- Grüne Fläche: Fahrtzeit von max. 5 Minuten mit einem PW bis zum Fitnessstudio. -
- Rote Fläche: Fahrtzeit von max. 10 Minuten mit einem PW bis zum Fitnessstudio. -
- ①: Eigenes Fitnessstudio
- ②: Mrs. Sporty
- ③: Cologne Fitness

## 1.4 Makroumfeldanalyse und Abschätzung des Marktpotentials

### 1.4.1 Kaufkraft und Arbeitslosenquote

Folgende Zahlen wurden im Rahmen der Makroumfeldanalyse recherchiert:

Tab. 1: Kaufkraft und Arbeitslosenquote Stadt Köln (Industrie- und Handelskammer zu Köln, 2017)

| Einzelhandelsrelevante Kaufkraft; Stand 2016 | | Arbeitslosenquote; Stand April 2017 |
|---|---|---|
| 7'390 Mio. Euro | Kaufkraft-Index: 106.6 (D=100) | 8.5 % |

### 1.4.2 Altersverteilung

Auf der folgenden Grafik fällt auf, dass die 18 bis 65-jährigen Personen den Grossteil der Bevölkerung ausmachen und somit die Hauptzielgruppe des Fitnessstudios optimal enthalten ist

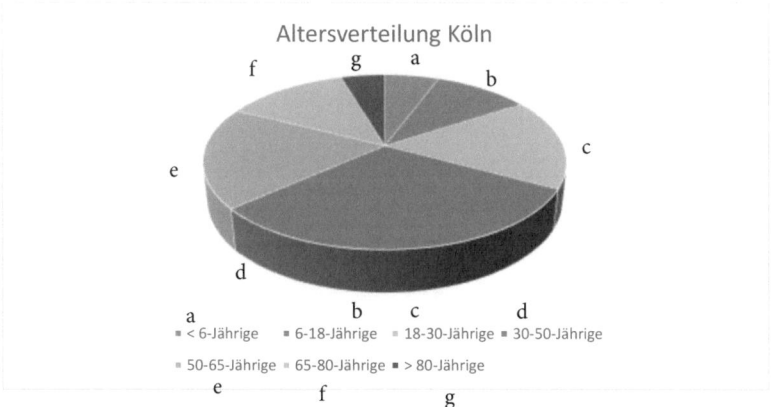

Abb. 2: Altersverteilung Stadt Köln 2015 (Offene Daten Köln, 2015)

### 1.4.3 Einwohnerzahlen der Stadtteile im Marktgebiet

Es wurde nur die Einwohnerzahl der Stadtteile berücksichtigt, die sich ganz oder zum Grossteil im Marktgebiet befinden.

Tab. 2: Einwohnerzahl Marktgebiet 1 und 2 nach Stadtteilen (Amt für Stadtentwicklung und Statistik, 2010)

| Stadtteile Marktgebiet 1 | Einwohnerzahl | Stadtteile Marktgebiet 1 | Einwohnerzahl |
|---|---|---|---|
| Buchforst | 7'272 | Kalk | 21'154 |
| Buchheim | 12'099 | Mülheim | 40'707 |
| Deuz | 15'563 | Ostheim | 10'704 |
| Höhenberg | 11'911 | Poll | 11'037 |
| Humbolt/Gremberg | 14'940 | Vingst | 11'338 |
| **Total: 146'021 Einwohner** | | | |
| **Stadtteile Marktgebiet 2** | **Einwohnerzahl** | **Stadtteile Marktgebiet 2** | **Einwohnerzahl** |
| Bilderstöckchen | 15'044 | Neubrück | 8'661 |
| Brück | 9'631 | Raderberg | 5'625 |
| Ehrenfeld | 35'322 | Raderthal | 4'713 |
| Ensen | 6'880 | Rath/Heumar | 10'966 |
| Finkenberg | 6'483 | Riehl | 11'236 |
| Gremberghoven | 2'932 | Stammheim | 7'473 |
| Höhenhaus | 15'128 | Südstadt | 37'719 |
| Holweide | 20'798 | Westhoven | 4'546 |
| Marienburg | 5'636 | Zollstock | 21'122 |
| Mauenheim | 5'651 | | |
| **Total Einwohner: 235'566** | | | |

### 1.4.4 Berechnung des Marktpotentials

Tab. 3: Berechnung des Marktpotentials, eigene Darstellung (2017)

| | Einwohnerzahl | Bewertung | Wert |
|---|---|---|---|
| **Marktgebiet 1:** | 146'021 | 100% | 146'021 Einwohner |
| **Marktgebiet 2:** | 235'566 | 70% | 164'896 Einwohner |
| **Einwohnerzahl im Marktgebiet:** | | **Marktpotential:** 12% | |
| 310'917 | | **37'310 Einwohner** | |

## 1.5 Wettbewerbsanalyse

### 1.5.1 Produktepolitik und Positionierung von zwei Mitbewerbern

Folgende Tabelle enthält die wichtigsten Daten der Wettbewerbsanalyse der zwei stärksten Mitbewerber im Marktgebiet des eigenen Fitnessstudios:

Tab. 4: Produkte und Positionierung von zwei Mitbewerbern (eigene Darstellung, 2017)

| Fitnessstudio | Mrs. Sporty | Cologne Fitness |
|---|---|---|
| Zielgruppe | Frauen jeden Alters, die im gesundheitlichen Bereich Fitness betreiben wollen | Alle Personen, die im gesundheitlichen sowie leistungsbezogenen Bereich Fitness betreiben wollen |
| Angebot | <ul><li>Ernährungsberatung</li><li>Zirkeltraining</li><li>Persönliche Betreuung</li><li>Monatsmitgliedschaften möglich</li></ul> | <ul><li>Gruppenkurse</li><li>Personaltraining</li><li>kostenloses Wifi</li><li>Bar/Lounge</li><li>Kleiner Wellnessbereich mit Sauna, Solarium und Ruheraum</li></ul> |
| Kosten/Monat | 43.99 €/Monat | 49.00 €/Monat |
| Positionierung | <ul><li>Wohlfühloase für Frauen, die unter sich sein wollen</li><li>Erfolgsgarantie und vielen Referenzen</li><li>Spezifisch ausgebildetes Personal</li><li>Als Arbeitgeber sehr attraktiv (diverse Preise, unter anderem mehrmals für bestes Franchise-System in Deutschland</li></ul> | <ul><li>Trainieren mit Freunden</li><li>Familiäre Atmosphäre</li><li>Gutes Preis-Leistungsverhältnis</li><li>professionelles Personal</li><li>„Kostenlos online bleiben während des Trainings" und Entspannung danach</li></ul> |

Im Vergleich mit dem eigenen Fitnessstudio konnten folgende Vor- und Nachteile eruiert werden:

Tab. 5: Vergleich Vor-und Nachteile des eigenen Fitnessstudios mit den beiden Konkurrenten (eigene Darstellung, 2017)

| Fitnessstudio | Mrs. Sporty | Cologne Fitness | Eigenes Fitnessstudio |
|---|---|---|---|
| Vorteile | <ul><li>Über 550 Clubs</li><li>Frauen sind unter sich</li><li>Wiedererkennungswert durch Franchise-System</li><li>Permanente Betreuung</li></ul> | <ul><li>Familiäre Atmosphäre</li><li>Fitness-, Gruppenfitness, Wellness unter einem Dach</li><li>Gemeinsam trainieren mit Freunden</li><li>Bedientes Bar/Bistro</li></ul> | <ul><li>Grosses Hantelsortiment bis zu 54 kg</li><li>Topmoderne Geräte und Infrastruktur</li><li>Übersichtliches, flexibles Angebot</li><li>24h-Betrieb</li><li>professioneller, moderner Webauftritt</li><li>Günstiger Preis und einfache Preisstruktur</li></ul> |
| Nachteile | <ul><li>Nur Zirkeltraining, keine Kurse</li><li>Sehr Eingeschränkte Öffnungszeiten</li><li>Nur Frauen kann langweilig werden</li></ul> | <ul><li>Eher kleines Kursangebot, dafür mit Instruktoren</li><li>Unübersichtliche, veraltete Website, z. T. mit Fehlinformationen</li><li>Lediglich zwei Trainer</li><li>Komplizierte Preisstruktur</li></ul> | <ul><li>Keine Solarien, kein Wellnessbereich</li><li>Nur virtuelle Instruktoren</li><li>Keine permanente Betreuung</li></ul> |

## 1.6 Beurteilung der Marktanalyse

Aufgrund des Marktpotentials von 37'310 Einwohnern im Marktgebiet scheint die Generierung von 2'000 Neumitgliedern im ersten Geschäftsjahr grundsätzlich möglich. Die Konkurrenzanalyse hat eher unproblematische Schlussfolgerungen ergeben, das freie Marktpotential wurde jedoch nicht beachtet.

Was den Onlineauftritt der Beiden betrifft, so zeigt „Mrs. Sporty" sich modern, professionell und durchdacht, während das „Cologne Fitness" seine Website scheinbar im Januar 2016 zuletzt aktualisiert hat. Auf eine E-Mail-Anfrage wurden diverse Preis- und Mitgliedschaftsvarianten genannt, während auf der Website lediglich ein Preis erwähnt wird, der allerdings mit keinem der per E-Mail genannten übereinstimmt.

Was die Marktplatzierung angeht, so hat das „Cologne Fitness" eine ähnliche Zielgruppe wie das eigenen Fitnessstudio, während bei "Mrs. Sporty" nur Frauen trainieren können. Falls sich aufgrund dessen im Laufe der Zeit im eigenen Fitnessstudio ein Ungleichgewicht der Geschlechterverteilung zeigen sollte wäre es eine Möglichkeit, speziell auf Frauen ausgerichtetes Marketing zu betreiben.

Beide Konkurrenten unterscheiden sich in der Preispolitik vom eigenen Fitnessstudio und verlangen einen deutlich höheren Monatsbeitrag.

All diese Fakten in Verbindung mit den Vorteilen die ein 24h-Betrieb mit sich bringt, lassen das Marktgebiet für den Unternehmenstyp attraktiv erscheinen.

## 2 Marketingplanung

### 2.1 Budgetplanung

Berechnung des Marketingbudgets für ein Jahr:

Erfahrungsgemässe Marketingkosten pro Neukunde: 25.00 Euro

Geplante Mitgliederzahl bis Ende Geschäftsjahr: 2000 (geplante Mitgliederzahl der Gesamtgruppe: 3'990)

25.00 € x 2000 MG = **50'000.00 € Marketingbudget für ein Jahr**

## 2.2 Kommunikationspolitik

Folgendes Konzept wurde für die Vermarktungskampagne entworfen:

Tab. 6: Vermarktungskampagne (eigene Darstellung, 2017)

| Ziel der Kampagne | <ul><li>Neukundengenerierung</li><li>Imageaufbau und -vermittlung</li><li>Positionierung am Markt</li><li>Umsatzgenerierung und -steigerung; Wirtschaftlichkeit</li><li>Bekanntheitsgrad erhöhen</li><li>Virtuelle Präsenz schaffen</li></ul> | | |
|---|---|---|---|
| Kampagnenbeginn | 2 Monate vor der Eröffnung | | |
| Verantwortlich | Centermanager und Stellvertretung, sämtliche Mitarbeiter gemäss Einteilung | | |
| Erfolgsmessung | <ul><li>Kennzahlen (Mitgliederzahlen; Umsatz etc.)</li><li>Kundenumfragen (z. B. „wie haben sie von uns gehört" etc.)</li></ul> | | |
| Aktionsnummer | WE_01 | OM_01 | EM_01 |
| Instrument | Werbung | Online-Marketing | Event |
| Ziel der Aktion | <ul><li>Bekanntheitsgrad erhöhen</li><li>Kunden durch Coupon ins Center „locken"</li></ul> | <ul><li>Viele Leute erreichen</li><li>Hohe Besucherzahlen auf der Website</li><li>Synergieeffekte mit restlicher Gruppe</li></ul> | <ul><li>Persönlichen Kontakt zwischen Personal und potentiellen Kunden herstellen</li><li>Positive Erlebnisse schaffen</li></ul> |
| Begründung | <ul><li>Grosse Reichweite</li><li>Menschen aller Art werden angesprochen</li></ul> | <ul><li>Kostengünstig</li><li>Bewertungsmöglichkeiten</li><li>Grosse Reichweite, die meisten Menschen nutzen das Internet und Soziale Netzwerke, Synergieeffekte</li></ul> | <ul><li>Emotionsreiche Erlebnisse</li><li>Menschliche Interaktion</li><li>Imagewirkung</li><li>Direkter, persönlicher Kontakt</li></ul> |
| Botschaft | <ul><li>Modern eingerichtetes Fitnessstudio mit professionellem Personal</li><li>Einfache und individuell anpassbare Preisstruktur</li><li>Günstige Preise und flexible Trainingszeiten dank 24h-Betrieb</li><li>Trainieren im unkomplizierten und kundenfreundlichen Umfeld</li></ul> | | |

Tab. 7: Wahl der Werbemittel (eigene Darstellung, 2017)

| Instrument | Inhalt | Umsetzung | Begründung |
|---|---|---|---|
| Werbung | <ul><li>Flyer mit Vorteilscoupon</li><li>Zeitungsinserat mit Vorteilscoupon</li></ul> | <ul><li>Verteilaktion der Flyer durch Personal</li><li>Inserate aufsetzen mit Vorteilscoupon zum abgeben</li></ul> | <ul><li>Persönlicher Kontakt mit dem Kunden</li><li>Vorteilscoupon erzeugt Gefühl der Güterknappheit</li><li>Controlling durch Anzahl der mitgebrachten Coupons</li></ul> |
| Online Marketing | <ul><li>Profile auf Social Media Plattformen wie Facebook, Twitter etc. eröffnen</li><li>Website erstellen</li></ul> | <ul><li>Zuständige Person bestimmen für Erstellung und Unterhalt der Onlineinhalte</li><li>Tägliche neuen Inhalte hochladen</li></ul> | <ul><li>Zeitgemässes Marketing</li><li>Täglicher Kontakt zu Kunden</li></ul> |
| Event | <ul><li>Tag der offenen Türe mit Apéro am Tag der Studioeröffnung</li></ul> | <ul><li>Organisation der Speisen und Getränke für Apéro</li><li>Erstellung eines Programms für den Tag der offenen Türe</li><li>Einteilung und Einweisung des Personals</li></ul> | <ul><li>Kennenlernen der Räumlichkeiten und des Teams</li><li>Ausprobieren von Geräten</li><li>Erschaffen von Emotionen</li><li>Verkauf</li></ul> |

Tab. 8: Aktionsplanung (eigene Darstellung, 2017)

| Aktion: |||
|---|---|---|
| Flyer mit Coupon zum Abschneiden für das Beziehen eines gratis Bidons und dem Hinweis auf den Tag der offenen Türe und die damit verbundenen, auf den Tag limitierte Vergünstigungen für eine Mitgliedschaft. Jeder Interessent mit einem Coupon kann am Eröffnungstag/Tag der offenen Türe den kostenlosen Bidon beziehen und von den vergünstigten Preisen profitieren. Ohne Coupon wird lediglich die Vergünstigung auf eine Mitgliedschaft gewährt. |||
| Drei Monate vor der Kampagne | Zwei Monate vor der Eröffnung | Einen Monat vor der Eröffnung |
| • 05.05.17: Angebote für Flyergestaltung einholen und ein Angebot auswählen<br>• 01.06.17: Auftrag Flyererstellung vergeben<br>• 20.07.17: Briefing und Einteilung Personal für Flyerverteilung; Abgabe Promotionsmaterial und Kleidung | • Zweimal wöchentlich an wechselnden Wochentagen Verteilaktion in Einkaufszentren<br>• Zweimal pro Woche verteilen in Briefkästen des Marktgebietes | • Zweimal pro Woche Verteilaktion auf der Strasse und auf öffentlichen Plätzen im Marktgebiet<br>• Zweimal pro Woche verteilen in Briefkästen des Marktgebietes |

| Aktion: |||
|---|---|---|
| Zeitungsinserat mit Coupon für einen gratis Bidon und Hinweisen auf den Tag der offenen Türe mit den damit verbundenen Rabatten |||
| Drei Monate vor der Kampagne | Erster Monat der Kampagne | Zweiter Monat der Kampagne |
| 15.06.17 Zeitungsinserat schreiben, gestalten und aufgeben | • Wöchentlich Zeitungsinserat aufgeben | • Wöchentliche Zeitungsinserat aufgeben |

| Aktion: |||
|---|---|---|
| Social Media Profile und Website: Hinweise zum Tag der offenen Türe; Vorstellen aller Mitarbeitenden mit Fotos und evtl. Videos; online Countdown zum Eröffnungstag |||
| Drei Monate vor der Kampagne | Erster Monat der Kampagne | Zweiter Monat der Kampagne |
| • 02.05.17 bis 09.05.17: Website und sämtliche Profile durch zuständige Person erstellen lassen | • Tägliches Aktualisieren von Inhalten wie Verlauf der Vorbereitungen, neuen Geräten etc.<br>• Hinweise zum Tag der offenen Türe und der damit verbundenen Rabattaktion<br>• Countdown zum Eröffnungstag | • Täglich wird auf Facebook ein Mitarbeiter mit Foto und Statement vorgestellt<br>• Hinweise zum Tag der offenen Türe und der damit verbundenen Rabattaktion |

| Aktion: |||
|---|---|---|
| Tag der offenen Türe (am Eröffnungstag): Interessenten können eine Mitgliedschaft zu vergünstigten Konditionen lösen. Geräte können unter Aufsicht und Betreuung des Personals ausprobiert werden; ganztägig stehen genügend Speisen und Getränke zur Verfügung, im Vordergrund steht das Kennenlernen des Centers und der Mitarbeitenden. |||
| Drei Monate vor dem Event | Zwei Monate vor dem Event | Eine Woche vor der Eröffnung / des Events |
| • 05.05.17: Angebote von Caterern einholen<br>• 15.05.17: Auftrag für Caterer vergeben | • 30.06.17: Einteilung und Briefing der Mitarbeiter<br>• Allgemeine Vorbereitungen und Reinigungsarbeiten | • 25.07.17: Vorbereitung und Dekoration im Center |

## 2.3 Werbeplanung

Die Werbemittel samt ihren Werbeträgern wurde wie folgt gewählt:

Tab. 9: Art; Zielgruppe und Kostenkalkulation der Werbemassnahmen (eigene Darstellung, 2017)

| Werbemittel | Werbeträger | Zielgruppe | Preis |
|---|---|---|---|
| Flyer | Persönliche Abgabe und Verteilung in Briefkästen durch Personal | Möglichst viele Passanten aus jeder Einkommensklasse, jeden Alters etc. | • 1000 Stück Flyer: 2'000.-00 € alles inklusive; • Personalkosten; 60 Stunden à 20.00 €: 1'200.00 € |
| Banner | Internet | Jüngere Menschen, Internetnutzer | Cost-per-click ca. 1'500 € alles inklusive |
| Anzeige | Tageszeitung | Ältere, nachrichtenaffine Menschen | Rubrik; zweispaltig mit Firmenlogo; zwei verschiedene Ausgaben, je 8-mal: 1'200.00 € |
| | | **Kosten gesamt** | **5'900.00 €** |

## 2.4 Kostenkalkulation und Budgetvergleich bei der Werbeplanung

Das Budget für diese Kampagne liegt bei 10'000.00 Euro, was dem Wert von 20% des Jahresbudgets entspricht. Die Kosten der geplanten Kampagne liegen somit 4100.00 Euro unter dem budgetierten Betrag.

- <u>Optimierungsmöglichkeit 1</u>: Mehr Personalstunden einplanen für noch mehr persönlichen Kontakt, eventuell auch mit einem kleinen Stand.
- <u>Optimierungsmöglichkeit 2</u>: Anstelle eines einzelnen Tages eine Eröffnungswoche oder mehrere Eröffnungstage und den damit verbundenen Vergünstigungen organisieren.

## 2.5 Synergieeffekte im Rahmen der Kommunikationspolitik

Das eigene Fitnessstudio soll planmässig fast die Hälfte der geplanten Mitgliederzahl der gesamten Gruppe generieren. Event-Flyer mit Daten und Infos der gesamten Gruppe, sowie gegenseitige Banner auf den jeweiligen Websites können die Marktpräsenz erhöhen. Bei Einwänden wegen zu hoher Preise während Verkaufsgesprächen, können die Mitarbeiter der anderen Anlagen aktiv auf das Discount-Studio der gleichen Unternehmung hinweisen. Während der ruhigeren Zeiten im Jahr gäbe es die Möglichkeit in Form einer Aktionswoche sämtliche Fitnessstudios für alle Mitglieder zum Ausprobieren zugänglich gemacht werden. Um einen Wiedererkennungswert zu generieren könnten die Logos für die gesamte Gruppe ähnlich designt werden.

# 3 Abschlussstatement

Das Gesundheitscenter punktet mit seinem Standort, ist jedoch ebenfalls von starken Konkurrenten umgeben, die vergleichbare Infrastrukturen zu günstigeren Preisen anbieten. Durch einen hohen Betreuungs- und Servicestandard wäre es hier eventuell möglich, sich längerfristig zu etablieren, da dies eine klare Abgrenzung zur Konkurrenz wäre. Auch bei einem Marktpotenzial von über 32'000, scheint die Umsetzung an diesem Standort, mit diesem Unternehmenstyp riskant.

In der gesamten Stadt gibt es bereits diverse EMS-Studios. Auch wenn die geplante Mitgliederzahl mit 90 im ersten Geschäftsjahr nicht sehr hoch angesetzt wurde, wäre die Konkurrenz eher zu gross. Auf Grund des einheitlichen Trainingskonzepts bei EMS-Studios gestaltet sich eine Abgrenzung zum Angebot der Konkurrenten ebenfalls schwierig.

Die Premiumanlage hätte mit ihrem Standort direkt in Rodenkirchen eine sehr gute Lage. In der Nähe befinden sich jedoch Ketten eines Fitnessanbieters mit Angeboten die preislich und qualitativ nur schwer zu erreichen sind. Auch bei dieser Anlage könnte man nur über längere Zeit und mit einer klaren Abgrenzung zur Konkurrenz eventuell Erfolg erzielen.

Bei dem Discount-Fitnessstudio scheint eine Realisierung der 2000 Neumitglieder im ersten Geschäftsjahr mit einem Marktpotenzial von 37310 Einwohnern im Marktgebiet schon realistischer. Die umliegenden Studios konkurrieren nicht so stark mit dem Angebot und der Preispolitik des eignen Fitnessstudios. Zum Teil sind komplett andere Zielgruppen oder Preisklassen vertreten.

Eine Möglichkeit wäre es das Discount-Fitnessstudio zu eröffnen und den Markt weiter zu beobachten. Wenn sich Name und Qualität der Unternehmergruppe etablieren würden, wäre es allenfalls sinnvoll eine neue Marktanalyse zu machen.

Abschliessend kann jedoch gesagt werden, dass es zum Zeitpunkt der Analyse ein zu grosses wirtschaftliches Risiko wäre die Gruppe als Ganzes in der Stadt Köln anzusiedeln.

# 4 Literaturverzeichnis

Amt für Stadtentwicklung und Statistik (2010). *Die Kölner Stadtteile in Zahlen in der Fassung des 2. Jahrgangs 2010.* Zugriff am Zugriff am 14.05.2017. Verfügbar unter http://www.stadt-koeln.de/mediaasset/content/pdf15/koelner-stadtteile-in-zahlen-2010.pdf

Cologne Fitness (2016). Zugriff am 14.05.2017. Verfügbar unter http://colognefitness.de/

Industrie- und Handelskammer zu Köln (2017). *Einzelhandelszentralität 2017.* Zugriff am 14.05.2017. Verfügbar unter https://www.ihk-koeln.de/upload/Internet_RIB_17_9642.pdf

Mrs. Sporty Club Köln Kalk (2017). Zugriff am 14.05.2017. Verfügbar unter http://www.mrssporty.de/club/koeln-kalk

Offene Daten Köln (2015). *Einwohner nach Altersgruppen.* Zugriff am 14.05.2017. Verfügbar unter https://www.offenedaten-koeln.de/dataset/fdeb99c8-8640-4539-b342-2eeaf06eefc9/resource/8d4f3258-0f8f-4edd-9062-686690cfdcf9-{currentView:!grid}

Openrouteservice. Zugriff am 14.05.2017. Verfügbar unter https://www.openrouteservice.org/reach?a=50.936915,7.002767&b=0&i=0&j1=10&j2=5&j3=1&k1=en&k2=km

# 5 Abbildungs- und Tabellenverzeichnis

## 5.1 Abbildungsverzeichnis

Abb. 1 Karte der Marktgebiete 1 und 2 (dargestellt mit www.openrouteservice.org) ............... 4
Abb. 2: Altersverteilung Stadt Köln 2015 (Offene Daten Köln, 2015) ....................... 5

## 5.2 Tabellenverzeichnis

Tab. 1: Kaufkraft und Arbeitslosenquote Stadt Köln (Industrie- und Handelskammer zu Köln, 2017) ...... 5

Tab. 2: Einwohnerzahl Marktgebiet 1 und 2 nach Stadtteilen (Amt für Stadtentwicklung und Statistik, 2010) ................................................................................................................................. 6

Tab. 3: Berechnung des Marktpotentials, eigene Darstellung (2017) ........................................ 6

Tab. 5:Produkte und Positionierung von zwei Mitbewerbern (eigene Darstellung, 2017) .......... 7

Tab. 6: Vergleich Vor-und Nachteile des eigenen Fitnessstudios mit den beiden Konkurrenten (eigene Darstellung, 2017) ........................................................................................................ 7

Tab. 7: Vermarktungskampagne (eigene Darstellung, 2017) .................................................... 9

Tab. 8: Wahl der Werbemittel (eigene Darstellung, 2017) ........................................................ 9

Tab. 9: Aktionsplanung (eigene Darstellung, 2017) ................................................................ 10

Tab. 10: Art; Zielgruppe und Kostenkalkulation der Werbemassnahmen (eigene Darstellung, 2017) ...... 11

# BEI GRIN MACHT SICH IHR WISSEN BEZAHLT

- Wir veröffentlichen Ihre Hausarbeit, Bachelor- und Masterarbeit

- Ihr eigenes eBook und Buch - weltweit in allen wichtigen Shops

- Verdienen Sie an jedem Verkauf

Jetzt bei www.GRIN.com hochladen und kostenlos publizieren